Stephanie Schneider

Gans vergessen

illustriert von
Stefanie Scharnberg

dtv

Klaus und Tilda waren dicke Freunde.
Jeden Freitag schrieb Klaus an Tilda einen Brief.
Und jeden Mittwoch schickte Tilda eine Antwort an Klaus.
»Du schreibst die schönsten Briefe der Welt«,
schwärmte Tilda. »Aber du bist so weit weg.«

»Bald ist Weihnachten. Da komm ich dich besuchen«, versprach das Kamel.
Tilda freute sich.
»Au ja. Dann feiern wir mit Tannenbaum und einer Gans und allem, was sonst noch dazugehört, ja?«

Drei Tage später war es so weit.
Klaus nahm die große Reisetasche,
steckte noch ein Säckchen
»Wüstensand für alle Fälle« ein
und machte sich auf den Weg.

»Wie schön, dass du da bist«, sagte Tilda.
»Nur herein in die gute Stube.«
Zuerst einmal musste der Baum geschmückt werden.
Dann sangen sie »Kling, Glöckchen« und »Ihr Rinderlein, kommet«. Und alles war ganz genau so, wie es sich an Weihnachten gehört.

»Das wäre erledigt. Jetzt können wir essen«, sagte Tilda, denn Singen macht hungrig. Doch plötzlich wurde sie ganz blass um die Nase.
»Au Backe! Ich dumme Kuh hab ganz vergessen, eine Gans einzuladen.«
»Schöne Bescherung«, seufzte Klaus und ließ betrübt den Höcker hängen.

Ohne Gans, da waren sich Klaus und Tilda einig,
war es kein richtiges Weihnachtsessen.
Woher aber sollten sie die auf die Schnelle bekommen?
Zuerst versuchten sie es beim Gänsebauern Bernd.
Sein Hof lag dunkel und verlassen da.
Der Bauer verbrachte die Feiertage mit seinen
Tieren im sonnigen Süden. Hier war nichts zu holen.

Im Schweinsgalopp trabten Kamel und Kuh
hinunter ins Dorf.
»Sie wissen nicht zufällig von einer Gans,
die uns Gesellschaft leisten will?«
Doch die Leute schlugen ihnen die Türen
vor der Nase zu.

Sie feierten Weihnachten und wollten nicht gestört werden.
»Lass uns gehen«, sagte das Kamel. »Ich bin müde und es ist schon ganz dunkel.«
Enttäuscht machten sie sich auf den Heimweg.

Vor dem Stall aber blieb Klaus stehen.
»Spuren!«, wunderte er sich. »Die sehen aus wie von einem Weihnachtsengel mit Plattfüßen.«
»Oder wie von einem sehr, sehr kleinen Einbrecher«, flüsterte Tilda.

Vorsichtig schob Klaus die Stalltür einen Spaltbreit auf.
»Siehst du was?«, flüsterte Tilda.
Klaus lachte leise.
»Und ob. Ich sehe was ganz, ganz Schönes.«
»Eine Gans?« Tilda traute ihren Augen kaum.
»Was machst du denn hier? Warum bist du nicht bei Bauer Bernd im sonnigen Süden?«
»Hab verschlafen«, quakte die Gans verlegen.
»Und als ich wach wurde, waren schon alle abgereist. Ich heiße Marietta. Kann ich vielleicht hierbleiben?«
»Klar«, sagte Tilda und strahlte von einem Horn zum anderen. »Wir wollten gerade essen. Und jemand wie du hat uns da gerade noch gefehlt.«

Tilda machte sich sofort an die Arbeit.
Es gab getrocknetes Sommerwiesengras mit Getreide
und zum Nachtisch Apfel.
Anschließend war Bescherung. Tilda schenkte Klaus
eine CD mit selbst aufgenommener Muhmusik.
Klaus überreichte seiner Kuh Expressbriefpapier für extra-
schnelle Liebesbriefe und einen funkelnagelneuen Kuhkuli.

Und Marietta bekam ein Säckchen
»Wüstensand für alle Fälle« zur Federpflege.
»Danke«, sagte die Gans und bekam mit einem
Mal ganz feuchte Augen. »Fast wie der Strandsand
im sonnigen Süden.«
Wehmütig pickte sie ein paar Sandkörner
aus dem Säckchen.

»Die anderen sitzen jetzt alle in der Sonne
und lassen sich braten«, flüsterte sie.

»Ja, zusammen ist es immer noch am schönsten«, nickte Klaus und schaute Tilda an.
Die Kuh aber wischte alle dunklen Gedanken beiseite.
»Kein Problem«, sagte sie entschlossen. »Ich regle das schon.« Sie schnappte sich einen Bogen vom extraschnellen Briefpapier und schrieb:

Dann nahm Klaus Marietta huckepack und tanzte mit ihr und Tilda einen Strohwalzer zur Muhmusik.

Erst um Mitternacht wurde es ruhig im Stall.
»Schlaft jetzt«, sagte Klaus. »Verreisen ist anstrengend.
Da muss man ausgeruht sein.«

Dicht an seine Kuh gekuschelt träumte er vom sonnigen Süden und glücklichen Gänsen und allem, was zu Weihnachten dazugehört.

Tilda hat die Gans vergessen

Nach der Melodie von »Fuchs, du hast die Gans gestohlen«.

[D]
»Tilda hat die Gans vergessen!«,
[G]   [D]
ruft der liebe Klaus.
[A7]   [Hm]
»Dann fällt unser Weihnachtsessen
[A7]   [D]
dieses Jahr wohl aus.«

[D]
Bernd, du hast die Gans vergessen.
[G]   [D]
Komm doch wieder her.
[A7]   [Hm]
Sonst muss Marietta weinen,
[A7]   [D]
denn dein Stall ist leer.

[D]
Bernd, du hast die Gans vergessen.
[G]   [D]
Du bist schon am Meer.
[A7]   [Hm]
Um sie dir zurückzubringen,
[A7]   [D]
fahr'n wir hinterher.

Ihr Rinderlein, kommet

Nach der Melodie von »Ihr Kinderlein, kommet«.

```
      C                      G            C
Ihr Rinderlein, kommet, oh kommet doch all
       C                   G           C
zur Party bei Klaus und bei Tilda im Stall.
      G       Dm          Am              F
Die redliche Tilda, die schmückt schon den Raum.
       G7          C            G        C
Und Klaus verteilt Kugeln und Kerzen im Baum.


         C                       G          C
Fehlt nur noch die Gans, dann wär alles perfekt.
         C                  G          C
Doch die hat der Bauer im Süden versteckt.
      G        Dm          Am            F
Wer hat denn in dieser so finsteren Nacht
       G7            C         G         C
da vorn in den Schnee ein paar Spuren gemacht?


         C                    G        C
Das war Marietta, auf Heu und auf Stroh.
         C                    G       C
Der Klaus und die Tilda betrachten sie froh.
       G        Dm          Am            F
Nun gibt es Geschenke, ein Säckchen mit Sand.
       G7           C          G      C
Fernab liegt der Bauer im Süden am Strand.


        C                      G         C
Kommt mit uns, wir feiern zusammen ein Fest.
      C                  G        C
Egal wie es heißt und egal wo es ist.
       G       Dm          Am          F
Wir feiern zusammen und keiner allein,
        G7         C          G       C
denn so soll es immer an Weihnachten sein.
```

Von Stephanie Schneider ist bei dtv außerdem lieferbar:
Grimm und Möhrchen – Ein Zesel zieht ein
Grimm und Möhrchen – Frühling, Sommer, Herbst und Zesel
Grimm und Möhrchen machen Pause von zu Hause
Grimm und Möhrchen – Ein Möhrchen im Gemüsebett

Originalausgabe
© 2024 dtv Verlagsgesellschaft mbH & Co. KG, München
Der Text erschien bereits 2017 mit anderen Illustrationen in der
von dem Knesebeck GmbH & Co. Verlag KG
Das Werk ist urheberrechtlich geschützt.
Jede Verwertung ist nur mit Zustimmung des Verlages zulässig.
Das gilt insbesondere für Vervielfältigungen, Übersetzungen
und die Einspeicherung und Verarbeitung in elektronischen Systemen.
Umschlaggestaltung: Stefanie Scharnberg
Gesetzt aus der Candara
Satz im Verlag
Repro: Regg Media GmbH, München
Druck und Bindung: Grafisches Centrum Cuno, Calbe
Printed in Germany · ISBN 978-3-423-76518-3

Stephanie Schneider studierte Freie Kunst an der Hochschule für Bildende Künste in Braunschweig und arbeitete auch als Grundschullehrerin. Seit 2004 folgt sie ihrem Kindheitstraum und ist hauptberuflich Autorin. Jeden Morgen geht sie in ihr Lieblingscafé in Hannover und schreibt dort Bücher und Radiogeschichten für Kinder und Erwachsene.

Stefanie Scharnberg wurde 1967 in Hamburg geboren, wo sie auch eine Buchhändlerlehre absolvierte. Sie ging nach Florenz, um Malerei zu studieren. 1992 kam sie nach Deutschland zurück, arbeitete wieder als Buchhändlerin und lebt heute als freie Illustratorin in Freiburg.

Noch mehr verrückte Vorlese-Abenteuer

ALLE LIEFERBAREN TITEL, INFORMATIONEN UND SPECIALS FINDEN SIE ONLINE

Auch als eBook   www.dtv.de   dtv

Einschlafen mit dem kleinen Zesel

ALLE LIEFERBAREN TITEL, INFORMATIONEN UND SPECIALS FINDEN SIE ONLINE

www.dtv.de **dtv**